BEI GRIN MACHT SICH IHR WISSEN BEZAHLT

- Wir veröffentlichen Ihre Hausarbeit, Bachelor- und Masterarbeit

- Ihr eigenes eBook und Buch - weltweit in allen wichtigen Shops

- Verdienen Sie an jedem Verkauf

Jetzt bei www.GRIN.com hochladen und kostenlos publizieren

Sebastian Ketting

Jürgen Habermas - Die Verfassung zwischen Diskurs und systemischer Macht

GRIN Verlag

Bibliografische Information der Deutschen Nationalbibliothek:

Die Deutsche Bibliothek verzeichnet diese Publikation in der Deutschen National-
bibliografie; detaillierte bibliografische Daten sind im Internet über http://dnb.d-
nb.de/ abrufbar.

Impressum:

Copyright © 2012 GRIN Verlag GmbH
Druck und Bindung: Books on Demand GmbH, Norderstedt Germany
ISBN: 978-3-656-31109-6

Dieses Buch bei GRIN:

http://www.grin.com/de/e-book/204601/juergen-habermas-die-verfassung-zwischen-
diskurs-und-systemischer-macht

GRIN - Your knowledge has value

Der GRIN Verlag publiziert seit 1998 wissenschaftliche Arbeiten von Studenten, Hochschullehrern und anderen Akademikern als eBook und gedrucktes Buch. Die Verlagswebsite www.grin.com ist die ideale Plattform zur Veröffentlichung von Hausarbeiten, Abschlussarbeiten, wissenschaftlichen Aufsätzen, Dissertationen und Fachbüchern.

Besuchen Sie uns im Internet:

http://www.grin.com/

http://www.facebook.com/grincom

http://www.twitter.com/grin_com

Philosophische Fakultät

Institut für Politikwissenschaft

Lehrstuhl für Theorie und Ideengeschichte

Seminar: Theorie und Entwicklung des Verfassungsstaats

WS 2011/2012

Referatsverschriftlichung

Jürgen Habermas:
Die Verfassung zwischen Diskurs und systemischer Macht

Name: Sebastian Ketting

Studiengang: MA Lehramt ABS Geschichte / GRW
Fachsemester: 1

Abgabedatum: 11.03.1212

Die Verfassung zwischen Diskurs und systemischer Macht: Jürgen Habermas (1994)

Politische Theorien sind aufgrund ihrer oftmals ideellen Aufladung mit subjektiv als richtig empfundenen Grundsätzen äußerst voraussetzungsreich. Jürgen Habermas verbindet im genannten Text gewissermaßen die Kritik gegenwärtiger Zustände mit *seiner* Vorstellung einer diskursbasierten Demokratie. Um seine gedanklichen Einflüsse zu verdeutlichen, beschreibt im Eingang dieses Aufsatzes die Französische Revolution mit all ihren Besonderheiten und langfristig wirksamen Errungenschaften, die er in der Folge zudem präziser erläutert. Er sieht die mobile bürgerliche Gesellschaft als *das* treibende und vorausgesetzte Element eines beschleunigenden kapitalistischen Wirtschaftssystems an, welches wirtschaftliche und gesellschaftliche *Modernisierung* ermöglicht. Des Weiteren betont Habermas das in der Folge aufkommende Prinzip der Zweckrationalität im Aufbau des Staatsapparates. Von diesem Zeitpunkt an begann, zumindest im großen Stile, die Vergabe von Kompetenzen nach Rationalität, die im Gegensatz zur typisch monarchistischen Vergabe von Kompetenzen nach Überlegungen des eigenen politischen Partizipierens steht. Auch der Nationalstaat sei, Habermas folgend, eine genuine Hervorbringung dieses Ereignisses, das noch heute für soziale Integration auf jeweiligem Territorium sorge, auch wenn dieser Prozess sich in Zeiten nach dem Kalten Krieg durch die Modernisierung derzeit deutlich abschwäche. Zudem betont Habermas die Bedeutung der Revolution für das heutige Verständnis von Rechtsstaatlichkeit, besonders des materiellen Teils der unabdingbaren Menschenrechte. Er sieht diesen Gedanken gerade in jenen Teilen der Welt als treibend an, wo ein politischer Wandel im Begriff ist statt zu finden. (Vgl. Habermas 1988, S. 600-603)

Betrachtet man die Französische Revolution zudem aus der vergleichenden Perspektive mit der Amerikanischen, sei zu konstatieren, dass erste sich in ihrem Entstehungsprozess deutlich im positiven Sinne abhebe. Statt eines kontinuierlichen Prozesses in den heutigen USA, betont Habermas außerordentlich den in Frankreich stattgefunden Mentalitätswandel in der Breite der Bevölkerung von der Bourgeoisie hin zum Citoyen, dem aktiven Bürger. Nur dieses Menschenbild des nach Selbstverwirklichung strebenden Individuums hätte den Anstoß eines solch großen Diskurses bzw. Konflikts möglich gemacht. (Vgl. ebd., S. 604f.)

Habermas fährt mit Ausführungen fort, die für die heutige Zeit selbstverständlich erscheinende Denkmuster beschreiben, die jedoch ihre Entstehung auch der Französischen Revolution zu verdanken haben. Es ist nicht abzustreiten, dass die Vergangenheit immer

Auswirkungen auf die Zukunft haben wird, jedoch stellt Habermas seit der Revolution ein *Aufbrechen* dieses *Absolutheits*anspruchs dieser These fest. Ob man das Augenmerk auf Wissenschaft, Politik, Erziehung oder andere Bereiche richtet; fast alles wurde von nun an hypothetisch. Nahezu keine Aussage kann von sich behaupten, absolut und unumstößlich für alle Zeit zu sein. Auf die Spitze gebracht könnte man sagen: Unsere heutige immer weiter modernisierende Welt *lebe* gar vom prinzipiellen Gedanken, dass alles zunächst überdacht und gegebenenfalls überarbeitet werden muss. Wohingegen das Leben, besonders im Mittelalter, stark von diversen geistlichen und politischen Institutionen determiniert war, rückten später Vorgaben für das Private, aber besonders für das politische Leben in den Hintergrund, zumindest in ihrer praktischen Umsetzung. Folge dieses Bewusstseins, selbst zu gestalten war die Forderung und letztendliche Umsetzung der allgemein zugänglichen politischen Willensbildung. Damit verbunden ist auch der dritte Bezug zur Aktualität, den Habermas in diesem Atemzug herstellt. *Politische* Legitimität war von nun an immer weniger eine Frage des metaphysischen oder religiösen Ursprungs, sondern vielmehr des rationalen, des zweckmäßig Begründbaren. Obwohl Habermas Rationalität in seinen Ansichten direkt und indirekt immer wieder als Leitmotiv sieht, relativiert er das Prinzip dessen als solches, indem er beiläufig erwähnt, dass eine *Auratisierung* der Rationalität mit Sicherheit auch überzogen wäre. Betrachtungen auch der politischen Welt heute lassen diese Relativierung nur allzu logisch erscheinen, da Stabilität und Beständigkeit nicht immer Ergebnis rationalen Denkens sind (Vgl. ebd., S. 605-608).

Ausgehend von der Betrachtung dieser Entwicklung, hin zur prinzipiellen Infragestellung aller Dinge, verneint Habermas eine übermäßige Betonung der Errungenschaft unserer heutigen Demokratie entschieden. Er fordert ein Umdenken dahingehend, dass wir Demokratie auch in den kommenden Jahrhunderten nicht als etwas möglichst Steriles sehen. Vielmehr spricht er von einem nie endenden geschichtlichen *Projektcharakter* des Staates, der für alle Zeit die stetige Arbeit und Verbesserung an ihm verlangt (Vgl. ebd., S. 609).

Im Rahmen dieser Gedanken über die Prozesshaftigkeit von Staat ist es Habermas wichtig, die Einflüsse zu würdigen, welche in ihrer unterschiedlichen Form einen Einfluss auf die Gesellschaft und das politische System, wie wir es heute kennen, besaßen und noch immer haben. An diesem Punkt findet sozusagen eine Verknüpfung zweier bisher ausgeführter Gedankengänge statt. Hier führt er das Prinzip des Diskurses mit dem eben angesprochenen nie endenden geschichtlichen Prozess zusammen. Habermas würdigt die Errungenschaft *jeder* politischen Stoßrichtung, um mit sozialistischen, liberalen und anarchistischen Gedankengängen nur einige wenige zu nennen. Selbstverständlich benennt der Verfasser in diesem Atemzug ebenfalls den in der politischen Theorie so oft diskutierten Konflikt zwischen Freiheit und Gleichheit. Habermas schlägt sich noch an keiner Stelle dieser Auflistung erkennbar auf eine bestimmte Seite, betont aber die allgemeine Bedeutung *aller* Ansichten für den politischen Diskurs, welcher die heutige Ordnung hervorgebracht hat, da jene in jedem Fall eine Verbesserung zu früheren Zuständen des deutschen Staates darstellt. Nur durch die ermöglichte Dialektik, durch den Austausch der Vor- und Nachteile *all* dieser Ansichten sei ein einigermaßen zufriedenstellendes Ergebnis des Staates hervorgegangen, von welchem wir heute, zumindest bei den für uns als fortschrittlich geltenden Demokratien, sprechen können (Vgl. ebd., S. 610-615).

Nach Beendigung des Darstellung aller Einflüsse seines politischen Denkens hebt Habermas nun doch einen Aspekt hervor, der für ihn eine *besondere* Bedeutung erlangte: die Volkssouveränität (Vgl. ebd., S. 614). Wie schon nach der einleitenden Ausführungen über die Französische Revolution zu vermuten war, spielt das Gedankengut der frühen Aufklärer Kant und Rousseau für ihn eine fundamentale Rolle. Warum Habermas von dem Gedanken eines souveränen Volkes ausgeht, wird schnell deutlich, denn weiterhin knüpft er an die These Kants an, dass die Menschenrechte aus logischen Gründen *immer* direkt an ein souveränes Volk gebunden seien, da dieses nicht in der Lage sei, Unrecht gegenüber sich selbst zu entscheiden und letztendlich auch auszuführen. Habermas reiht sich so nicht in die Reihe der Theoretiker ein, die ihre Theorie von einem fiktiven Naturzustand ableiten, in dem entweder ein ausgesprochen negatives Menschenbild vorzufinden ist oder eine durch Vernunft begründete gemeinsame Organisation aller entsteht.

Wenn es um die praktische Umsetzung der Volkssouveränität geht, nimmt Habermas auf Julius Fröbel Bezug, der einer der führenden Köpfe der liberalen demokratischen Bewegung des Vormärz war. Leitbegriff dessen war die *freie Diskussion*, die freie Verständigung als die entscheidende Voraussetzung für Vereinigung des Volkes. Grundlage für diese Verständigung, diese freie Diskussion, wie sie Fröbel und Habermas fordern seien unabdingbar die dafür notwendigen Kommunikationsbedingungen, durch die eine solche erst umsetzbar werden kann. Der individuelle Wille eines Menschen und die Vernunft stellen für Fröbel oftmals einen Gegensatz da. Dieser Gegensatz wird durch das Prinzip der Verständigung jedoch in einem solchen Maß minimiert, dass Habermas an Fröbel anknüpfend von einem *Ausgleich* dieser beiden unterschiedlichen subjektiven und objektiven Phänomene spricht. Habermas ist sich jedoch bewusst, dass trotz dieses nahezu perfekten Ausgleichs immer sich verändernde Bedingungen vorhanden sein werden und dass daher differieren wird, was zu verschiedenen Zeitpunkten zum einen vernünftig und zum anderen subjektiv als richtig empfunden wird. Daher seien Verständigungen stets nur Entscheidungen auf Zeit, bis die Gegebenheiten oder Meinungen sich verändern. Fröbel spricht an dieser Stelle konkret von einem „bedingten Einverständnis" (Ebd., S. 614). Das bedeutet, dass Minderheiten sich unterordnen, aber jedoch in einer fair geführten, nie endenden Diskussion immer weiter versuchen werden, ihre Deutungsmuster und Werturteile möglichst öffentlichkeitswirksam zu verbreiten und als öffentliche Meinung durchzusetzen; und das so lang, bis diese Minderheit gegebenenfalls eine Mehrheit aktivieren kann. Obwohl Habermas auch auf Fröbels indirekten Vordenker Rousseau Bezug nimmt, übernimmt er dessen Konzept nicht vollends. Während bei Rousseau das *Gesetz* als „Endprodukt" des politischen Prozesses den Anspruch besitzen konnte, vernünftig zu sein, ist die Vernunft bei Habermas schon im politischen *Meinungs- und Willensbildungsprozess* beinhaltet (Vgl. ebd., S. 614). Konkret meint er damit, dass eventuelle tyrannische Mehrheiten in einer öffentlichen Diskussion *gezwungen* sind, mit Sicherheit vorkommende Irrtümer öffentlich zu begründen und diese so zu reduzieren. Um diese freie Diskussionsplattform zu ermöglichen seien laut Fröbel, auf den Habermas, wie erwähnt, hier zurückgreift, zweierlei Dinge unbedingt notwendig. Zum einen die vorliegenden offenen Kommunikationsstrukturen, zum anderen aber *fähige* Protagonisten, die geistig dem Anspruch einer solcher Debatte auch gewachsen sind; sprich: Ein Mindestmaß eines bestimmten Bildungsniveaus ist unabdingbar für die Durchführbarkeit eines breiten öffentlichen Diskurses. Obwohl sich die Ansichten beider ähneln, herrscht ein Unterschied zwischen den allgemeinen gedanklichen Konstrukten Fröbels und Rousseaus. Zweiter denkt vom Volk als *einem* Medium, einem Körper, dass Entscheidungen *produziert*. Fröbel hingegen sieht das Volk als vielstimmiges Medium, dass immer dabei ist, sich zu verständigen. (Vgl. ebd., S. 615)

Obwohl Fröbel sich für Offenheit der Entscheidungen in alle Richtungen ausspricht und einen Kommunikationsprozess fordert, der vollkommen offen ist, müssen auch bei ihm einige Konstanten vorhanden sein. Damit sind hier zentral die Unabänderlichkeit der Verfassung von außen gemeint und die Aufrechterhaltung der funktionierenden Bedingungen, Prozesse und Kommunikationsstrukturen gemeint, die sich nicht einer ständigen Hinterfragung und Kritik unterziehen lassen sollten (Vgl. ebd., S. 615f.).

Um seine Position zu untermauern, geht Habermas anschließend auf zwei der bedeutendsten Grundsätze in der politischen Theorie ein, die stets in Konkurrenz zueinander stehen: Freiheit und Gleichheit. Diese seien durch den Streit zwischen Liberalismus und Sozialismus lediglich auf eine andere Ebene gehoben, jedoch in ihren Hauptargumenten nur äußerst geringfügig geändert worden. Jedoch sei keine dieser beiden Ideologien bzw.

Prinzipien praktikabel, woraufhin er durch umfassende Freiheit entstehende wirtschaftliche Ungleichheiten, aber auch die zu strenge Dogmatik des Sozialismus in immer komplexer werdenden Gesellschaften kritisiert. Die Gemeinsamkeit zwischen Liberalen und Reformern seien universale Bürgerrechte, welche politische Teilhabe zur Folge hätten. Dies allein sei jedoch nicht ausreichend, denn diese hätte dennoch in jedem Fall eine Verstaatlichung der Parteien zur Folge. Zudem kritisiert Habermas den damit verbundenen administrativ gesteuerten Legitimationsprozess. Denn dieser ziehe nach sich, dass die Bürger politische Entscheidungen von nun an lediglich hinnehmen, akzeptieren und ihnen eine zunehmende Resignation über die eigene Machtlosigkeit einer politischen Teilhabe im Weg steht (Vgl. ebd., S. 616-619). Habermas spricht von selbstprogrammierendem, durch die Administration gesteuerten Prozess, in dem die Verwaltung agiert, „indem sie das Verhalten des Wählerpublikums steuert, Regierung und Gesetzgebung vorprogrammiert und die Rechtsprechung funktionalisiert" (Ebd., S. 622). Wie man vorschnell fälschlicherweise annehmen könne, sei die Verwaltung kein passives eigenschaftsloses Medium, sondern zunehmend an der Einwirkung auf den politischen Prozess beteiligt. Habermas unterscheidet an diesem Punkt zwischen kommunikativ erzeugter, legitimer und administrativ verwendeter, illegitimer Macht. Dabei stützt er sich auf die Ideen Hannah Arendts. Jürgen Habermas spricht aus diesem Grund von einer Programmierung der Meinung- und Willensbildung durch die Verwaltung. Er stellt im weiteren Verlauf die *Vernunft* diesem Programmierungsprozess gegenüber, da die Determinierung der Ergebnisse selbstredend einem offenen Meinungsbildungsprozess entgegensteht. Der Grund in der Irrationalität der Verwaltung liege in ihrer Beteiligung an der Umsetzung entstandener politischer Neuerungen. Während sich ein vom Volk ausgehendes Gesetz, wie Habermas eingangs beschrieb, nie gegen selbiges Volk wenden könnte und daher rational sei, liege der Fokus der Administration bei der Beeinflussung der politischen Entscheidungsträger vielmehr auf der *Implementierbarkeit* neuer Verordnungen und Gesetze. Eine Konformität mit anderen, „umliegenden" Gesetzen und die Umsetzbarkeit würden, laut Habermas, oft sinnvolle Lösungsaspekte konterkarieren (Vgl. ebd., S. 622f.). Normative Gründe, von deren Pluralismus politischer Prozess so stark geprägt ist, spielen dabei eine äußerst untergeordnete Rolle. Habermas spricht gar von „nachgeschobenen Rationalisierungen für vorgängig induzierte Entscheidungen" (Ebd., S. 623).

Wie Habermas in verschiedenen Stellen dieses Aufsatzes deutlich macht, stellt er sich bewusst nur ungern *radikal* auf die Seite eines politisch-theoretischen Grundsatzes. Jedoch bilde an dieser Stelle der Anarchismus bzw. Anti-Institutionalismus einen ausgleichenden

Gegenpol zur mittlerweile institutionalisierten Macht des Verwaltungsapparats. Besonders der Ansatz einer Organisationsform freiwilliger Assoziationen inspiriert Habermas, denn dieser steht im Gegensatz zu individualistisch- vernunfts-rechtlichen Konstruktion des Naturzustandes. Herrschaftsfreie politische Beziehungen entstehen in seinem Konzept spontan und sind deutlich weniger kontraktualistisch, bzw. unabänderlich konzipiert. Während in den zahlreichen politischen Theorien die Vernunft zum sinnvollen Austausch von Gütern bei der Überwindung des Naturzustandes eine bedeutende Rolle spielt, sei der entscheidende Aspekt des Anti-Institutionalismus, dass Kommunikationssprozesse ausschließlich zur *derzeitig notwendigen* problem- und handlungsorientierten Verständigung entstehen (Vgl. ebd., S. 620).

Zentral in den sich für Habermaus daraus ableitenden Konsequenzen ist die „Öffentlichkeit als ein normativer Begriff" (Ebd., S. 625). Der Kern dieses normativen Prinzips ist die ausschließliche Betonung dieser ermöglichenden Strukturen, die offen sind für jede Art von Agenda Setting, Beiträgen und Werten. Knotenpunkte in einem solchen System seien sogenannte Assoziationen, die mit den heute bekannten klassischen Parteien keinesfalls gleichzusetzen wären (Vgl. ebd., S. 624f.). Dass diese These Habermas´ zahlreiche Argumente *für* sich besitzt, sehen wir an Bündnissen gegen Bahnhöfe, Atomkraftwerke oder gar an sich rapide verbreitendenden Gegenbewegungen durch die Netzgemeinschaft, z.B. die Anti-ACTA-Kampagne.

Diese, wie Habermas sie nennt, intersubjektive, anonyme Volkssouveränität sei jedoch in ihrer Implementierung sehr voraussetzungsreich bezüglich der notwendigen kommunikativen Strukturen und demokratischen Verfahren. Die Krux dieses Konzepts, so muss dieser eingestehen, sei die Vereinbarung öffentlich entsprungener Diskurse, welche aber dennoch demokratisch verfasste Institutionen für politische Meinungs- und Willensbildung benötigen. An diesen Gedanken anschließend, könnte die öffentliche Akzeptanz gefasster Entschlüsse nur folgenreich sein, wenn diese institutionell zuzurechnen seien (Vgl. ebd., S. 626). Eine weitere zu erfüllende Bedingung sei eine zunehmende Tradition und Sozialisation hin zur Betonung politischer Freiheit. Bürgerliche Moral und das Vertreten des eigenen Interesses müssten im Zuge derer stärker positiv aufgeladen und miteinander verknüpft werden. Habermas sieht den Rechtsstaat mit seiner Verfassung nicht als Status quo, den es lediglich zu erhalten, sondern vielmehr als Projekt, das es fortzuentwickeln gilt.

Kritik

Habermas' Konzeption dieser diskusbetonten Volkssouveränität wurde selbstverständlich in zahlreichen Werken anderer politischer Theoretiker rezipiert, aber auch in einigen Punkten in ihrer Realisierbarkeit und in ihrem Grundsatz kritisiert. Christian Marxsen beispielsweise kritisiert die absolut grundsätzliche Aussage Habermas', dass Volkssouveränität automatisch Humanität zur Folge habe, da die Bevölkerung niemals Unrecht gegenüber sich selbst beschließen würde. Marxsen ist eine solche Aussage nicht reflektiert genug, da Habermas diese für jenen logische Schlussfolgerung nicht ausreichend genug argumentativ untermauert. Damit verknüpft ist für ihn auch die Undeutlichkeit, welcher der beiden Grundsätze *Diskurs* und *Moral* dem anderen gegenüber höherrangig ist, also ob es wünschenswert ist, dass der Diskurs letztendlich in einem unmoralischen oder inhumanen Entschluss gipfelt (Vgl. Marxsen 2011, S. 158). Kritisch zu betrachten bleibt für ihn zudem der nur schwach ausgeprägte, argumentative Hintergrund zur Begründung des offenen Diskurses als unumgängliches Grundkonzept der Demokratie (Vgl. ebd., S. 160).

Detlef Horsters einführendes Werk über Habermas fasst darüber hinaus die Kritik verschiedener Theoretiker in einem Kapitel zusammen. Hannah Ahrendt kritisiert die fragliche menschenrechtliche Stellung derjenigen, die außerhalb einer Gesellschaft stehen, sich aber in jener räumlich befinden. Zudem seien *Menschrechte* durch Habermas nur unzureichend definiert, sodass keine Trennschärfe entstehe, wo Unrecht beginne (Vgl. Horster 1999, S. 172-175). Andere bemängeln die, zwar von Habermas eingestandene, aber nicht behobene Frage der nur fraglich vorhandenen *echten* Chancengleichheit im kommunikativen Diskurs. Begründet wird diese Kritik mit den nicht zu beseitigenden unterschiedlichen sozialen Bedingungen, um zum ersten um in den Diskurs zu gelangen und zum zweiten, um Deutungsmacht innerhalb dessen auch durchsetzen zu können (Vgl. ebd., S. 257ff.).

Zusammenfassend ist zu sagen, dass Habermas' Konzept der Volkssouveränität als Verfahren grundsätzlich einen geeigneten Ansatz liefert, um auf sich stetig verändernde, revolutionierende Kommunikationsbedingungen in unserer heutigen Demokratie zu reagieren und diese zu nutzen. Ohne Frage ist eine solche Offenheit bei völliger Chancengleichheit aber gleichzeitig auch nur schwer umsetzbar und äußerst voraussetzungsreich. Dass Habermas' Gedanke der spontanen Bildung von zweckbündigen Assoziationen jedoch ohne Frage den Trend der Zeit trifft, ist jedoch grundsätzlich deutlich erkennbar, wenn man sich immer neu entstehende Bünde und Aktionen der nationalen und internationalen Netzgemeinschaft ansieht.

Quellen

Textgrundlage: Habermas, Jürgen: Volkssouveränität als Verfahren, in: ders., Faktizität und Geltung. Beiträge zur Diskurstheorie des Rechts und des demokratischen Rechtsstaats, 4. erw. Auflage, Frankfurt/M. 1994, S. 600-631.

Horster Detlef: Habermas zur Einführung, Junius Verlag GmbH, Hamburg 1999.

Marxsen, Chrisitan: Geltung und Macht. Jürgen Habermas` Theorie von Recht, Staat und Demokratie, Wilhelm Fink Verlag, München 2011.